LOI

Adoptée par les Pairs et Députés.

DISCOURS

ET RAPPORT

SUR LES ASSOCIATIONS.

SUIVI

Des réflexions des Journaux patriotes de Lyon,

LETTRE D'UN PREFET A CE SUJET.

PARIS,

Chez Jules Berrier, Editeur, quai aux Fleurs, 3.

1834.

Jules Berrier, imprimeur, — Imprimérie de Sétier, rue de Grenelle, 29.

Adoption définitive de la loi sur les associations.

Art. 1. « Les dispositions de l'article 291 du Code pénal sont applicables aux associations de plus de vingt personnes, alors même que ces associations seraient partagées en section d'un nombre moindre, et qu'elles ne se réuniraient pas tous les jours ou à des jours marqués. L'autorisation donnée par le gouvernement est toujours révocable. »

Art. 2. « Quiconque fera partie d'une association non autorisée, sera puni de deux mois à un an d'emprisonnement, et de 50 fr. à 1,000 fr. d'amende. En cas de récidive, les peines pourront être portées au double. Le condamné, pourra dans ce dernier cas, être placé sous la surveillance de la haute police, pendant un temps qui n'excédera pas le double du maximum de la peine. L'article 463 du Code pénal pourra être appliqué dans tous les cas. »

Art. 3. « Seront considérés comme complices et punis comme tels, ceux qui auront prêté ou loué sciemment leur maison ou appartement, pour une ou plusieurs réunions d'une association non autorisée. »

Art. 4 « Les attentats contre la sûreté de l'Etat, commis par les associations ci-dessus mentionnées, pourront être déférés à la juridiction de la Chambre des Pairs, conformément à l'art. 28 de la Charte constitutionnelle. »

« Les délits politiques commis par lesdites associations seront déférés au jury, conformément à l'art. 69 de la Charte constitutionnelle. »

« Les infractions à la présente loi et à l'art. 291 du Code pénal seront déférées aux tribunaux correctionnels.

Art. 5. « Les dispositions du Code pénal, auxquelles il n'est pas dérogé par la présente loi, continueront de recevoir leur exécution. »

CHAMBRE DES DÉPUTÉS.

M. BARTHE,

Ministre de la justice.

Messieurs, lorsque, dans les premiers jours qui suivirent la révolution de juillet, apparurent au sein de Paris ces associations républicaines qui, parodiant dans quelques réunions les formes des assemblées délibérantes, s'efforçaient d'élever, en présence de la royauté constitutionnelle, un pouvoir rival toujours menaçant et toujours disposé à la violence; la conscience publique signala à l'instant même le péril; l'intervention spontanée de la garde nationale vint en aide à l'autorité publique; les souvenirs des mauvais jours de notre première révolution n'étaient pas perdus. La France avait rejeté de son sein une royauté parjure; mais elle comprenait le besoin d'un gouvernement fort et régulier; elle attendait de sa révolution le développement raisonnable des institutions; mais elle avait horreur de l'anarchie; elle voulait une royauté constitutionnelle, libre, indépendante, digne d'une grande nation, et elle s'indignait en voyant les factions s'agiter et s'organiser autour du gouvernement naissant, pour en faire un instrument de parti, ou pour l'étouffer à son berceau.

Le premmier ouvement national contre les associations politiques signalait avec une admirable sagacité l'un des grands obstacles qu'avaient à surmonter et notre révolution et le gouvernement sorti de son sein. Toutes les hostilités devaient trouver, en effet, dans ces associations un asile, une organisation; chaque jour, depuis trois ans, a vu redoubler leurs efforts et varier les formes des sociétés crées par les deux factions que la nation a vaincues en juillet et en juin; quoique formées sous l'influence de principes essentiellement opposés (Rumeur) Elles tendent par les moyens divers qui leur sont propres, à un premier but qui leur est commun : le renversement de l'ordre établi ; voué à la destruction de nos institutions et de nos lois, vous le voyez tantôt applaudissant au désordre après l'avoir provoqué, s'efforçant d'irriter et d'armer tous les mécontentemens, tous les égaremens, toutes les misères ; dissiduant du travail ceux que le travail seul peut nourrir ; tantôt essayant de dissoudre les élémens de la force publique, insultant la garde nationale, prêchant l'indiscipline à l'armée, et cherchant à dominer par la terreur jusqu'à la justice elle-même. Je désire que la conviction de tous, déjà formée par la notoriété publique, dispense le gouvernement d'entrer plus tard dans la discussion de faits qui ne prouveraient que trop combien mes paroles demeurent encore au-dessous de la vérité. (Adhésion aux bancs de la majorité.)

Parcourez, par la pensée, tous les désordres qui successivement ont troublé la France pendant les trois années qui se sont écoulées ; depuis le jour où, en octobre 1830, l'émeute vint se montrer pour la première fois dans le palais du prince ; jusqu'à ces dernières agitations, dont les symptômes ont apparu simultanément à Marseille, à Lyon, à Saint-Etienne, à Paris, vous reconnaîtrez toujours la même action, le même principe. Dans les plus misérables émeutes, comme dans ces luttes sanglantes dont la capitale elle-même a été le théâtre, on a trouvé les associations politiques fournies d'armes, de munitions, de proclamations, et délibérant en permanence lorsqu'elles ne descendaient pas dans nos rues et sur nos places ; on les a vues, empruntant le masque de la philantropie, corrompre le peuple et coaliser les ouvriers ; on les a vu lancer, les mains pleines d'odieux pamphlets, cet essaim de crieurs publics auxquels vous avez imposé silence par une loi dont on ose déclarer qu'on violera publiquement les prescriptions. (Mouvement en sens divers.)

Mais était-il possible de s'arrêter à des dispositions législatives qui n'atteignent que les effets du désordre et ses conséquences dernières, lorsque la cause elle-même du désordre s'organise, se proclame tout haut et jette le défi à toutes les forces de la société? Faut-il reculer ou s'arrêter devant-elle? Le devoir n'est-il pas de la combattre et de la détruire?

L'art. 291 du Code pénal défend les associations de plus de vingt personnes. Vainement les tribunaux ont appliqué cette article. Les associations ont bravé hautement nos lois pénales et les décisions de l'autorité judiciaire.

Nous venons vous proposer de donner force et complément aux dispositions de la loi qui prohibent les associations, et, nous devons vous le dire sans détour, nous ne croyons pas que l'ordre public puisse être maintenu si vous ne prenez pas des mesures efficaces pour réduire à l'impuissance ces organisations permanentes de factieux dont les cadres sont toujours ouverts aux mécontens de tous les pays.

Par l'article 1er du projet de loi, nous vous proposons de sanctionner les mesures nécessaires pour que l'article 281 du Code pénale ne puisse pas être éludé. Pour que la prohibition ne demeure pas illusoire, il ne faut pas laisser aux associations la faculté de se diviser en sections, dont chacune, prise à part, se composerait de moins de vingt membres, et qui, réunies, s'élèveraient à un nombre supérieur à celui que la loi tolère. N'est-ce pas une dérision que de tolérer des associations composées de plusieurs milliers d'individus, par cela seul qu'elles sont fractionnées par dix-neuf; tandis qu'une association de plus de vingt personnes et qui n'a aucune correspondance, peut paraître contraire à la paix publique? Une autre précaution consiste à exiger que les associations aient besoin d'une autorisation, alors même qu'elles ne se réuniraient pas tous les jours ou à des jours marqués.

Le Code pénal ne prononce aucune peine contre les simples membres de l'association contrevenante; il punit d'une amende de 16 fr. à 200 fr. les chefs, directeurs ou administrateurs de l'association. Le projet de loi atteint tous les membres sans distinction, et leur applique une pénalité efficace.

Il était aussi nécessaire de prévoir les cas de récidive. Lorsque le Code pénal a été promulgué, le législateur pouvait, sans trop d'imprévoyance, ne pas regarder comme indispensables les peines contre le mépris de la loi et des décisions judiciaires ; car, à cette époque, la désobéissance était périlleuse et rare. Et d'ailleurs, jusqu'à la révolution de juillet, le caractère qu'avouent hautement certaines associations, se serait confondu avec le caractère même du complot que la loi frappait de la peine capitale. Aujourd'hui, beaucoup d'associations sont créées tout exprès pour braver la constitution, la loi, et pour se mettre en révolte contre les sentences de l'autorité judiciaire ; l'imprudence du législateur serait inexcusable s'il ne s'occupait pas de la récidive. Le projet de loi prévoit donc la récidive, et soumet les coupables à la surveillance de la haute police pour un temps qui n'excédera pas le double du maximum de la peine qui pourrait être prononcée contre eux. Cette peine est prononcée par le Code pénal contre les individus frappés pour simple coalition d'ouvriers.

La juridiction devant laquelle les associations doivent être traduites, en cas de crimes, de délits ou de contraventions, se règle conformément aux principes généraux du droit et en raison des actes qui provoquent les poursuites judiciaires.

Parmi les crimes et délits dont les associations pourront se rendre coupables, ceux qui ont trait à la politique seront probablement les plus fréquens ; mais ils ne sont pas les seuls à prévoir, car si le caractère politique est celui qui domine dans la formation des associations, ce n'est pas cependant leur caractère nécessaire et essentiel ; les actes coupables, quels qu'ils soient, doivent être atteints, et les associations même étrangères à la politique, sont soumises comme toutes les autres et sous les mêmes peines, à la condition d'une autorisation.

Si donc il s'agit d'un crime ou d'un délit ordinaire prévu par le Code pénal, la juridiction sera, suivant les cas et conformément à la loi commune, celle des cours d'assises, des tribunaux de police correctionnelle ou de tous autres.

S'il s'agit de crimes de haute trahison ou d'attentats à la sûreté de l'état, l'article 28 de la Charte constitutionnelle déclare que c'est à la chambre des Pairs, constituée en cour de justice, qu'il appartient d'en connaître.

S'il s'agit de délits de la presse ou de délits politiques, la juridiction est celle du jury, conformément au premier paragraphe de l'article 69 de la Charte constitutionnelle.

S'il s'agit de contravention aux défenses de police, et particulièrement à la défense que fait le présent projet de loi de se réunir sans autorisation préalable, les juges que le droit commun donne à cette contravention sont les tribunaux de police correctionnelle.

On a prétendu que la poursuite des associations réunies sans autorisation préalable, devrait avoir lieu devant le jury, sous prétexte qu'en ce cas, il s'agit d'un délit politique.

C'est là confondre deux choses fort distinctes : les conditions des associations et les actes auxquels elles peuvent accidentellement se livrer.

Que les actes des associations qui se forment de nos jours soient habituellement politiques, que ce soit .e besoin de réprimer surtout les actes politiques qui ait éveillé la sollicitude du gouvernement et qui nous porte à vous présenter aujourd'hui ce projet de loi, nous sommes loin de le nier, et ce que la Charte exige, c'est que ces actes, toutes les fois qu'ils seront poursuivis comme actes politiques, ne soient déférés qu'au jury. Mais autre chose sont les actes des associations et les associations elles-mêmes. Ce que la loi défend, c'est leur réunion sans autorisation, abstraction faite des objets dont elles jugeront à propos de s'occuper ; des délits entièrement

BIBLIOTHÈQUE NATIONALE R.F. IMPRIMÉS

étrangers à la politique peuvent par elles être commis;
faudra-t-il, par cela seul que ces délits seront l'œuvre
d'associations, donner à ces délits les juges des actes
politiques? On connaît d'ailleurs beaucoup d'associations
qui n'ont rien de politique ni par leur existence, ni par
leur objet. En vertu de quel principe le paragraphe
1er de l'art. 69 de la Charte constitutionnelle serait-il
appliqué et à leur formation et à leurs opérations?

Désobéir à la loi en se réunissant en association sans
l'autorisation du gouvernement; c'est là une infraction,
en quelque sorte matérielle, à une inhibition expresse,
qui n'est susceptible ni de plus ni de moins, et dont la
culpabilité ne dépend pas, comme dans les cas de délits
de la presse et de délits politiques, de l'appréciation va-
riable et accidentelle des circonstances. Les tribunaux
correctionnels ont toujours été, sans contestation, re-
connus juges des faits de cette nature. Ainsi personne
n'a jamais sérieusement prétendu que la Charte, qui at-
tribue au jury les délits de la presse, fût en rien violée
parce que le jugement des contraventions commises par
les imprimeurs et les libraires, ou par les journalistes,
est attribué aux tribunaux correctionnels.

Le projet de loi par lequel nous vous proposons de
soumettre les associations à la nécessité d'une autorisation préalable, ne peut porter remède aux maux qui ont
éveillé votre sollicitude, comme la nôtre, qu'autant
que ses dispositions seront appliquées avec suite et sans
incertitude. Or, il est de l'essence de la juridiction du
jury de ne jamais faire jurisprudence, de répondre à
l'impression du moment, à l'empire des circonstances;
la composition du jury variant à chaque jugement, le
même fait peut être absous par l'un, condamné par l'autre. Qu'arrivera-t-il si une même association est condam-
née par un jury et acquittée par un autre? Quelle con-
duite pourra tenir l'autorité chargée d'assurer l'exécution des arrêts de la justice? N'arrive-t-il pas sans cesse
qu'après une première, une seconde, une troisième
condamnation, on tentera l'épreuve d'un jury nouveau

jusqu'à ce qu'un acquittement vienne rendre vaines toutes les décisions antérieures?

A une contravention d'une nature continue et persévérante, lorsqu'il s'agit, en un mot, des associations non autorisées, il y a nécessité d'une juridiction fixe.

Pour que les lois soient raisonnables, il faut qu'elles soient efficaces; car à quoi bon surcharger notre législation de ces prohibitions impuissantes qui n'ont d'autre effet que d'accoutumer les peuples à l'inexécution et par suite, au mépris de la loi? Vainement vous porteriez une loi pour soumettre les associations à une autorisation préalable, si vous ne confériez à la juridiction à qui elle doit appartenir la connaissance des contraventions par lesquelles la nécessité d'une autorisation, elle serait bravée ou éludée. Une pareille loi ne serait qu'une illusion, et cependant le mal auquel il s'agit d'apporter remède, est une grave et triste réalité. (Mouvement en sens divers.)

Une minorité de la société française, très-faible en nombre, mais forte en audace, et dont l'audace a pour principale cause l'impunité, a déclaré la guerre aux mœurs et aux lois de l'immense majorité. Notre ordre social lui pèse; le spectacle du gouvernement régulier l'irrite; pour elle, toute propriété est usurpation, et toute règle tyrannie. Sa prétention, hautement affichée, est que l'on peut s'organiser en état de complot permanent pour la destruction du gouvernement sous lequel on vit; que l'on peut chaque jour armer ce complot et s'en faire gloire. En présence du gouvernement constitutionnel, à qui l'on impose, même lorsqu'il se défend, d'avoir sous les yeux la Charte et la loi, elle forme une sorte de gouvernement insurrectionnel qui ne reconnaît ni royauté, ni Charte, ni loi, et qui, dégagé de tout lien en attendant que quelque circonstance imprévue lui permette d'espérer une détestable victoire contre l'ordre social lui-même, a toujours le pouvoir d'arrêter, par l'agitation et l'inquiétude, le développement de la prospérité publique. Cet état de choses ne peut être toléré;

il ne faut point qu'il n'y ait contre le désordre d'autre moyen que la résistance armée de l'autorité publique, d'autre solution que la force matérielle : l'humanité, autant que la politique, ordonnent de fortifier, par les lois, et le gouvernement, et la société elle-même. (Adhésion aux bancs de la majorité.)

PROJET DE LOI.

Art. 1ᵉʳ Les dispositions de l'art. 291 du Code pénal sont applicables aux associations de plus de vingt personnes, alors même que ces associations seraient partagées en section d'un nombre moindre et qu'elles ne se réuniraient pas tous les jours ou à des jours marqués.

L'autorisation donnée par le gouvernement est toujours révocable.

2. Quiconque aura fait partie d'une association non autorisée ou dissoute sera puni d'un emprisonnement de deux mois à un an, et de 50 fr. à 1,000 fr. d'amende.

En cas de récidive, la peine pourra être portée au double.

Le condamné sera dans ce dernier cas placé sous la surveillance de la haute police pendant un temps qui n'excédera pas le double du maximum de la peine.

3. Les attentats contre la sûreté de l'état, commis par les associations ci-dessus mentionnées seront déférés à la juridiction de la chambre des Pairs, conformément à l'art. 28 de la Charte constitutionnelle.

Les délits politiques commis par lesdites associations seront déférés au jury, conformément à l'art. 69 de la Charte constitutionnelle.

Les infractions à la présente loi et à l'art. 291 du Code pénal, seront déférées aux tribunaux correctionnels.

M. MARTIN (du Nord), rapporteur de la commission chargée d'examiner le projet loi sur les associations, monte à la tribune. (Le silence se rétablit.)

Si le projet de loi, dit-il, qui vous a été présenté sur les associations avait porté quelque atteinte à notre pacte fondamental, c'est en vain que le gouvernement serait

venu dérouler devant vous le tableau des excès auxquels
se livre l'audace toujours croissante des partis. Les consi-
dérations les plus graves n'auraient pu entraîner votre
commission, et je ne serais aujourd'hui son organe que
pour vous provoquer, en faveur de nos libertés mena-
cées, l'appui que vous ne leur refuserez jamais.

Hâtons-nous de le dire, Messieurs, tel n'est pas le caractère des dispositions qui vous sont demandées ; les
crimes et les délits dont elles s'occupent conservent la
nature qui leur est propre ; les juridictions établies par
la Charte sont maintenues avec un soin religieux, et si
le gouvernement réclame aujourd'hui votre concours,
c'est pour rendre à la législation existante la force
d'exécution dont elle est aujourd'hui dépouillée.

Ce que nous vous disons, Messieurs, de l'esprit dans
lequel le projet nous paraît vous avoir été présenté, est
l'expression s'incère de notre intime conviction. Comme
nous, vous vous livrerez à l'étude sérieuse de ce projet,
et nous ne craignons pas que notre opinion soit démentie
par vos consciences.

En effet, Messieurs, le principe qui domine dans le
projet, c'est qu'aucune association ne puisse se former
sans l'actorisation du gouvernement ; or, la nécessité de
cette autorisation n'est pas une disposition exhorbitante
et nouvelle qu'on cherche à introduire dans la législation, en abusant de quelques circonstances passagères.
En 1810, à une époque où le gouvernement qui régis-
sait la France paraissait établi sur des bases inébranla-
bles, lorsque le pays semblait pour long-temps à l'abri
des secousses politiques qui avaient troublé son repos,
on ne regarda pas moins comme un acte de haute pru-
dence de prévenir le retour des dangers dont, à d'autres époques, la France avait été menacée, et l'art. 291
fut écrit dans le projet du Code pénal.

Votre commission a porté toute son attention sur la
pénalité qu'établit le projet ; elle a pensé que la disposition de l'art. 291 était du nombre de celles sur lesquelles
des circonstances graves ou les besoins nouveaux de la

société devaient exercer une influence nécessaire et im-
médiate; qui pourra, en effet, s'aveugler au point de
croire qu'en présence d'hommes audacieux, prêts à tout
braver, la pénalité de 1810 soit une repression suffi-
sante et efficace? Votre commission partage donc l'opinion qu'elle doit être plus sévère; elle croit aussi que le
gouvernement demande, avec raison, que la pénalité
n'atteigne pas seulement les chefs et directeurs, mais
qu'elle s'étende aux autres membres de l'association;
c'est le seul moyen de prévenir des affiliations auxquelles
on consentirait d'autant plus volontiers qu'on saurait à
l'avance qu'elles sont sans dangers : vous avez d'ailleurs
remarqué la sage latitude laissée aux magistrats; elle leur
permet d'apprécier dans de justes limites les différentes
positions, et d'accorder à l'indulgence tout ce qui ne serait pas impérieusement réclamé par l'intérêt de la société.

Des événemens récens vous ont appris qu'il était trop
facile aux chefs des associations de séduire et d'égarer
par leurs déclamations et les apparences de philantropie certaines classes de la société; quand l'association
non autorisée, quelques détours qu'elle emploie, sera
déclarée un délit, quand elle sera sévèrement punie;
croyez, Messieurs, que les chefs seront bientôt réduit à
leurs propres forces, et que les instrumens leur man-
queront sans retour; nous avons la conviction que si,
la loi que nous vous proposons d'adopter eût été décré-
tée, elle eût rendue illusoires les tentatives criminelles
faites dans quelques grandes villes sur des hommes dont
on ne semblait embrasser la défense et protéger les in-
térêts que pour les détourner d'un travail honorable,
les réduire à la misère, et se faire de leur désespoir une
arme redoutable de destruction et de renversement : à
l'avenir, Messieurs, prémunissez ces hommes trop fa-
ciles contre leur faiblesse et leur ignorance; et quand
une loi positive les aura éclairés sur leurs devoirs, ne
craignez plus que leurs flatteurs parviennent encore à
les faire tomber dans le piège qu'ils ont si souvent ten-
du à leur crédulité.

Messieurs, le moment approche où cessera l'autorité dont vous a investis le plus honorable mandat : le gouvernement, avant que vous vous sépariez, vient vous signaler l'état du pays, et réclamer votre concours pour conjurer de mauvais desseins et assurer la tranquillité publique. Vous n'hésiterez pas : et en donnant dans cette circonstance une preuve nouvelle de courage et d'indépendance, vous aurez acquis de nouveaux droits à la reconnaissance de vos concitoyens.

Pendant que la chambre des pairs délibérait, dans le calme de sa haute sagesse, sur la loi des associations, les factions s'insurgeaient comme pour prouver à la chambre des pairs et au pays l'indispensable nécessité de la loi. Nous louons M. le ministre de la justice de n'avoir pas invoqué à la tribune le puissant témoignage des nouveaux troubles de Lyon ; son argumentation, toute de raison et de logique, a repoussé cet appel aux passions patriotiques de la noble assemblée, et il a voulu être écouté et être jugé de sang froid. Mais, nous le demandons à la France, les barricades lyonnaises du 9 avril ne sont-elles pas le plus éloquent exposé des motifs de la loi sur les associations ? Est-ce assez menaçant ? Est-ce assez clair ?

Journaux de Lyon.

Pour qu'une association soit bonne et profitable, il ne suffit pas qu'elle soit l'usage d'un droit absolu, métaphysique, il faut surtout qu'elle représente quelque chose, qu'elle soit en harmonie avec les besoins du pays, qu'elle lui vienne en aide dans sa marche progressive vers l'amélioration de l'existence sociale sous toutes ses faces, là est sa légitimité, là est son droit, et là est aussi l'assurance pour elle d'être acceptée par le pouvoir quel qu'il soit : nous parlons de notre temps et non de tous les temps en général, car nous savons bien qu'en thèse absolue il est tel monarque qui s'accommoderait fort peu d'une association quelque peu libérale qu'elle fut : il y a des gens, rois et partis, qui sont tellement jaloux de leur puissance qu'ils ne permettent à qui que ce soit de s'élever à côté d'eux, fut-ce même pour les seconder. Ceci ne peut nullement s'appliquer à la France, à la France de juillet, qui s'est donnée pour de longues années de jouissance pleine et entière de la liberté, et où tous sont appelés selon leurs forces et leurs moyens à faire que cette liberté soit mieux qu'un droit chimérique, soit une réalité de tous les instans. Ainsi donc chez nous, pleine carrière à ceux qui veulent s'associer, à la seule condition qu'ils resteront dans les termes qui rendent cette association légitime, et cette légitimité, nous le répétons, n'est que l'accord qui doit régner entre ce que veut le pays et ce que veut l'association partielle qui tend à s'élever. Pour cela il faut bien se pénétrer de l'esprit qui règne, de la volonté et de la tendance du pays, car c'est ici une question capitale : il faut que le point de départ soit bien connu, bien posé, l'association ne peut pas être indifférente, ne faire ni bien ni mal : si elle ne fait pas de bien, elle fait du mal.

Or, si nous ne nous amusons pas, le caractère le plus saillant de notre époque, c'est la lassitude de toute révolution nouvelle. Et pourquoi cette lassitude? C'est que le principe de la liberté pour la conquête duquel nous combattons depuis quarante ans, est si bien acquis, si fortement implanté dans tous les esprits, peuple et pouvoir, que toute tentative pour le faire disparaître ne serait pas un crime, car c'est une impossibilité absolue. Le pays a donc raison de ne vouloir plus de révolutions, car elles sont désormais inutiles; par conséquent il ne veut plus de violence, car toute révolution quelque générale qu'elle soit, quelque préparée, désirée qu'elle arrive, exige toujours une bataille, une victoire? Pourquoi le peuple irait-il se battre dans la rue? Pour la liberté il la possède. Pour étendre ses droits politiques? Eh! mon Dieu, il ne les désire pas, car pour le moment il n'en a que faire : il a donné sa procuration, sûr qu'il était que l'abus n'était plus chose facile. Ce que le peuple veut, c'est développer son industrie, c'est augmenter son bien-être matériel, moral; c'est assurer à sa famille une indépendance réelle, celle qui vient de l'aisance; indépendance autrement solide que celle qu'il acquiert par des lois qui, comme les assignats de la république, n'ont qu'une valeur fictive et perdent cent pour cent au moment où il serait le plus nécessaire d'en jouir. Et cette indépendance honorable et solide, parce qu'elle est l'œuvre de vos sueurs, que nul ne peut vous l'enlever, car vous en possédez la source en vous-même, cette indépendance nécessaire, sans laquelle la déclaration des droits de l'homme n'est elle-même qu'une chimère ironique, cette indépendance ne peut naître que par la paix, que par le travail. Et la condition de la paix, et nous parlons de la paix intérieure, car nous ne sachons pas qu'il y ait un souverain en Europe assez osé pour venir heurter la France, cette paix intérieure ne peut naître que de la sécurité politique, que du maintien de la forme gouvernementale la plus large et la plus élastique qui soit au monde. Il y a quelques centaines d'années une révolution ne touchait guère le peuple, ce n'était qu'une révolution de palais, une intrigue de grands seigneurs ou de maîtresses en disgrâces : il y avait bien des souffrances individuelles : mais le peuple n'en avait nul souci; que lui importait? Aujourd'hui, grâces à Dieu et au courage du peuple, il n'en est plus ainsi : tout changement politique touche de près à l'existence de tous, et tous souffriraient de ces révolutions de palais dont on voudrait nous redonner la parodie : car la question est simple, vulgaire, et pour le plaisir de la grandir, de l'annoblir, il ne faut se hausser à la dignité de sauveur du peuple : quoique vous fassiez, vous resterez ce que vous êtes, des ambitieux qui voulez renverser un ministère et pas autre chose. La liberté vraiment n'est pas en danger.

Il y a dix-huit cents ans qu'il existait aussi des associations que la loi brutale d'alors opprimait, bien qu'elles ne conspirassent pas contre le pouvoir établi : elles continuèrent pendant trois cents ans leur conspiration dans les catacombes, conspiration toute pacifique, conspiration qui devait affranchir le monde et qui l'a affranchi. Ces conspirateurs ne s'organisaient pas pour livrer bataille, car ils savaient que la violence détruit et n'édifie pas, et eux voulaient reconstruire l'Europe et le monde affranchis de la lèpre de l'esclavage : ils voulaient mettre le droit à la place du fait toujours tyrannique parce qu'il ne raisonne pas, et ces hommes firent si bien par leur patience, par leur résignation sous la main du bourreau, qu'un matin ils se réveillèrent les maîtres du monde, dans la personne de Constantin. Que les républicains conspirent de cette manière, dans la sphère d'idées qu'un parti seulement politique peut remuer et améliorer, et le pouvoir ne les tourmentera pas, car toute la société sera pour eux; ils se diront que toute association n'est seulement légitime qu'à condition de respecter la paix et la sécurité publiques. Là est la force et l'avenir de tout parti et de la France.

« Monsieur,

» Je suis informé que l'on a cherché à faire croire à la classe ouvrière que le gouvernement se dispose à faire usage de la loi du 10 du courant sur les associations, pour dissoudre les réunions de secours mutuels entre les ouvriers, qui se sont formées avec la permission de l'autorité.

» Je vous invite à faire immédiatement connaître aux délégués des diverses sociétés précédemment autorisées par l'administration, que je n'ai point l'intention de troubler en aucune manière l'existence et la marche de ces utiles associations. Je confirme, en tant que de besoin, des autorisations qui leur ont été précédemment accordées.

« Le Conseiller d'Etat, préfet de police,

« signé Gisquet. »

255

www.ingramcontent.com/pod-product-compliance
Lightning Source LLC
LaVergne TN
LVHW021108050726
842519LV00005B/1886